INVENTAIRE
Ye 26,332

AF465150

Y

CATÉCHISME

EN CANTIQUES FRANÇAIS.

Se trouve à Paris,

Chez { ADRIEN LECLERC, imprimeur-libraire, quai des Augustins, n.° 35.
PONTHIEU, Palais-Royal, galeries de bois.

A Verdun,

Chez VILLET, libraire, et VILLET, imprimeur.

A Sédan,

Chez Madame la veuve HENNUY.

CATÉCHISME

EN CANTIQUES FRANÇAIS,

UTILE AUX ENFANS DES PETITES ÉCOLES,

Pour les disposer à faire leur première Communion ;

Par NICOLAS LEROY,

Prêtre licencié en Théologie de l'Université de Reims, ci-devant Curé de Marville.

PARIS,

DE L'IMPRIMERIE DE P. N. ROUGERON, RUE DE L'HIRONDELLE, N.° 22.

1820.

SONNET

Sur les Cantiques du Catéchisme.

Ces cantiques simples et courts
Valent mieux pour régler la vie,
Que les longs et pompeux discours
D'une vaine philosophie.

Tu connaîtras par leur secours
Ce que la Sagesse infinie
Te propose, afin que toujours
Ton ame à son Dieu soit unie.

De nos dogmes c'est l'abrégé ;
C'est le sublime en négligé,
Et dans un modeste étalage.

Apprends-les, et souviens-toi bien
Qu'il faut, pour être heureux et sage,
Commencer par être chrétien.

PRÉFACE.

On connaît par une longue expérience, la difficulté qu'il y a d'apprendre aux enfans les réponses du catéchisme diocézain. Ce n'est que par un long travail de la part des instituteurs, et par un long ennui de la part des enfans, qu'ordinairement on y parvient. Faut-il s'étonner si cette partie de l'éducation publique est communément négligée, je ne dis pas seulement dans les campagnes, où les enfans sont plus stupides pour la plupart et moins assidus à l'école, mais encore dans les villes les plus policées; de sorte que, dans le temps de leur première communion, peu se trouvent savoir bien les élémens de leur religion. On les reçoit cependant, vu qu'ils grandissent, et deviennent pour le travail déjà nécessaires à leurs parens; vu aussi le désespoir où l'on est souvent de leur en apprendre davantage. On voit aussi que la plupart des enfans, surtout ceux qui ne savent pas lire, oubliant, bientôt après leur première communion, ce qu'ils n'avaient appris que superficiellement et avec dégoût, tombent ensuite dans la plus grossière ignorance en cette matière importante, et y vieillissent souvent, sans plus assister aux instructions qui pourraient leur rappeler ce qu'ils ont su légèrement dans leur enfance; car les prédications ordinaires de leurs pasteurs, quand ils y assisteraient régulièrement, ne contribuent pas beaucoup à les éclairer, vû que les sermons presque toujours supposent des connaissances préliminaires qu'ils n'ont plus, ou qu'ils n'ont jamais eues comme il faut. Il est pourtant, comme on sait, de la plus haute conséquence pour leur salut qu'ils soient instruits toute leur vie, et bien instruits, des principes de leur sainte religion. L'impiété de la révolution française, qui a eu lieu depuis peu, en est la preuve sensible. Il a été facile de séduire et d'égarer un peuple dont la plupart ignoraient les dogmes importans, et la sainteté de la religion chrétienne. Les philosophes impies qui la haïssent, parce qu'elle les gêne, en ont su bien profiter.

Touché de cet inconvénient, qui nuit au salut de tant d'ames, qui entretient le désordre ou le cause, et qui tend en France à la perte entière d'une religion fondée par Dieu même, j'en ai cherché le remède, et je crois l'avoir heureusement trouvé. J'ai imaginé pour cela de mettre tout le catéchisme en cantiques français sur des airs graves et connus, lesquels cantiques soient assez courts pour ne pas surcharger la mémoire des enfans, et assez longs pour contenir tout ce qu'il faut savoir. Par ce moyen, les instituteurs n'auront plus rien à faire à l'égard des enfans pour leur inculquer ce qu'ils doivent savoir par cœur; et les enfans n'auront plus à éprouver ni ennui, ni dégoût : amorcés par le chant, ils s'y porteront avec plaisir, ainsi que l'expérience me l'a fait souvent remarquer. Ce n'est pas là tout l'avantage; mais l'essentiel, c'est que, par cette méthode facile, ils seront moins dans le cas d'oublier leur catéchisme; car on retient mieux les vers que la prose, surtout quand les vers sont entrés dans la mémoire, accompagnés du chant. D'ailleurs on peut croire que la plupart de ceux qui auront chanté ces cantiques dans leur enfance, aimeront encore à les chanter dans la suite, au lieu de s'amuser à des chansons profanes et dissolues; et que par là ils s'entretiendront dans leurs anciennes connaissances. Il est à croire même qu'étant devenus pères ou mères, ils se feront un devoir et un plaisir de les chanter pour les apprendre de bonne heure à leurs enfans. La meilleure manière de les chanter, pour que les enfans puissent les apprendre facilement dans les écoles, c'est que l'instituteur, ou quelqu'un de sa part, qui sache déjà bien l'air, chante d'abord plusieurs fois une seule strophe posément et distinctement, et qu'ensuite il la fasse répéter par les enfans en chantant avec eux pour les aider; après quoi il passe à la deuxième strophe, où il fait de même; et pareillement ainsi jusqu'au bout du cantique, qui, par ce moyen, étant bien su par cœur, doit ensuite être chanté à l'église, avant l'explication que le prêtre fait du catéchisme.

La poésie que j'offre ici ne doit pas être rigoureusement jugée. Ce sont proprement des vers techniques faits pour aider la mémoire, et non pour plaire à l'imagination. On n'y trouvera pas les grâces et les ornemens d'une élégante poésie; la matière qui y est traitée n'en est pas susceptible ; mais on y trouvera la clarté, l'exactitude, la justesse et la précision, qualités suffisantes pour celui qui cherche seulement l'instruction, et c'est là le seul but que j'ai eu en vue dans ce petit ouvrage. Puissent ces cantiques sacrés avoir autant de succès pour le bien de la religion, que la poésie en a eu jusqu'ici pour l'affliger ! Je prie Dieu qu'il les bénisse, et qu'il répande sa charité dans le cœur de ceux qui les chanteront. Un mot de la part de M.grs les Evêques suffirait pour les mettre en vogue dans leur diocèze, en les recommandant à MM. les Curés, comme très-utiles à l'instruction de leurs paroissiens. Mais, dans ce cas, il faudrait abolir la loi qui les oblige à enseigner un autre catéchisme ; car les enfans seraient alors surchargés inutilement, s'ils devaient apprendre deux catéchismes ; ce qui serait contre le but que j'ai de les soulager.

CATÉCHISME

CATÉCHISME

EN CANTIQUES FRANÇAIS.

PREMIER CANTIQUE.

Dieu, Création, Anges, Homme, Péché originel, Messie.

1.

QUE nous apprend le Catéchisme ?
Le catéchisme apprend ce qu'il faut sur la terre
Croire, faire, éviter, demander, recevoir.
Symbole, loi, péché, sacremens et prière,
C'est ce qu'un chrétien doit savoir.

2.

Qu'est-ce que croire, ou qu'est-ce que la foi ?
La foi, qui nous fait croire, est un don de Dieu même.
Croire, c'est renoncer aux sens, à son esprit,
Pour tenir comme sûr, ce que l'Etre suprême
Par son Eglise nous prescrit.

3.

Qu'est-ce que Dieu ?
Dieu, pur esprit, à tout a donné l'existence.
Sans principe et sans fin, lui-même est son appui.
Toute entière en tout lieu, sa nature est immense.
Tout vit, se meut, existe en lui.

4.

Combien y a-t-il de Dieux ?
Trois personnes en Dieu, c'est-à-dire le Père,
Le Fils, le Saint-Esprit ont la divinité.
Ces trois ne font qu'un Dieu. Révérons ce mystère
Qu'on appelle la Trinité.

1

5.

Quelles sont les principales perfections de Dieu ?

Juste et saint, Dieu voit tout; tu dois croire et le craindre.
Doux, fidèle et puissant, en lui faut espérer.
Sage et bon, Dieu fait tout; aime-le sans te plaindre;
Grand, parfait; il faut l'adorer.

6.

Le monde a-t-il toujours été, et sera-t-il toujours ?

De tous ces beaux objets que le monde renferme,
Rien, avant six mille ans, n'existait hormis Dieu.
Ce tout fait en six jours, et créé pour un terme,
Doit périr enfin par le feu.

7.

Quels sont les principaux ouvrages de Dieu ?

Les Anges, purs esprits, de Dieu font le message.
Au dessous d'eux est l'homme, assemblage étonnant.
De la Divinité, par l'ame il est l'image;
Par le corps, insecte rampant.

8.

Combien y a-t-il d'espèces d'Anges ?

Il est des Anges bons et des Anges rebelles.
Ceux-ci, pour leur orgueil, furent chassés des cieux,
Tentent tout ici-bas pour nous rendre infidèles;
Les bons nous protègent contre eux.

9.

Dans quel état fut créé Adam, le premier des hommes ?

Le premier homme, Adam, créé dans l'innocence,
Jouissait, dans Eden, d'un bonheur sans égal.
Immortel, son esprit était sans ignorance,
Comme sans pente vers le mal.

10.

Comment a-t-il perdu ce grand bonheur ?

Eve, épouse d'Adam, par le serpent séduite,
Tente aussi son époux par le fruit défendu.
Dès qu'il en eut goûté, sa vertu fut détruite,
Et tout son bonheur fut perdu.

11.

Adam, par son péché, ne fit-il tort qu'à lui-même ?

Naissantes d'un tel tronc, les branches sont malsaines.
L'espoir du vrai bonheur à nul n'était permis ;
Mais, pour remédier aux misères humaines,
Au monde un Sauveur fut promis.

12.

Ce Sauveur, appelé Messie, fut-il long-temps attendu ?

Les prophètes sacrés, pour calmer nos alarmes,
Annoncèrent de loin la divine faveur.
Après quatre mille ans de soupirs et de larmes,
La terre enfanta son Sauveur.

II.e CANTIQUE.

Incarnation, Naissance, Vie et Mort de Jésus-Christ.

1.

Quel fut ce Sauveur, et comment parut-il sur la terre ?

Conçu du Saint-Esprit, né d'une Vierge mère,
Le Verbe se fit chair, et devint homme-Dieu.
Comme homme il veut pour nous satisfaire à son père,
Et mourir même en notre lieu.

2.

Quelles sont les circonstances de sa naissance temporelle?

Il naît dans une étable ; on le fait circoncire ;
De Jésus ou Sauveur, on lui donne le nom.
Des mages il reçoit l'encens, l'or et la mirrhe.
Au temple on offre sa rançon.

3.

Où voyagea Jésus-Christ dans son enfance ?

D'Hérode, roi jaloux, pour éviter la rage,
Jésus fuit en Egypte ; y reste quelque temps ;
Revient à Nazareth, et là croissant en âge,
Il vit soumis à ses parens.

4.

Que fit Jésus-Christ, à l'âge de 12 et de 30 ans ?

A douze ans on le trouve au temple, quoique jeune,
Etonnant les docteurs par son savoir profond.
A trente ans, au désert, il pratique un long jeûne,
Puis est tenté par le démon.

5.

Que fit Jésus-Christ après ces 30 ans ?

Alors au peuple Juif il offre un grand spectacle.
Baptisé par Saint-Jean dans les eaux du Jourdain,
Aux noces de Cana fait son premier miracle,
Où l'eau fut transformée en vin.

6.

Que fit Jésus-Christ de là jusqu'à sa mort ?

Douze hommes qu'il choisit le suivent avec zèle.
Il parcourt la Judée à pied durant trois ans.
Il prêche, il établit sa doctrine nouvelle,
Par des miracles éclatans.

7.

Quels furent les principaux miracles de Jésus-Christ ?

Il guérit, et toujours, par sa seule parole,
Les aveugles, les sourds, les muets, les boiteux,
Ressuscita des morts, marcha sur l'onde molle,
Chassa les esprits ténébreux.

8.

Quels succès ont eus ces grandes actions ?

Il convertit à lui les pauvres; mais les autres,
Par orgueil, pour le perdre, unissent leurs efforts.
Jésus, près de mourir, soupe avec ses apôtres;
Et change le pain en son corps.

9.

A-t-il donné aux apôtres et aux prêtres un pareil pouvoir?

Dans ce sacré banquet, où de l'Eucharistie
Jésus institua les mystères divins,
Pour rappeler sa mort, il voulut en hostie
S'offrir tous les jours par leurs mains.

10.

Que fit Jésus-Christ, après ce souper mystérieux ?

Après la Cène, il monte au jardin des Olives ;
Dans un trouble mortel il y passe la nuit.
Là, livré par Judas à des cohortes juives,
Devant Caïphe il fut conduit.

11.

Que souffrit-il le lendemain, qui est le Vendredi Saint ?

On frappe avec fureur sur sa chair délicate.
Jésus, couvert de sang, est réduit aux abois.
Quoiqu'innocent, enfin condamné par Pilate,
Il meurt sur une infâme croix.

12.

Quels biens, par sa mort, nous a procurés Jésus-Christ ?

Il offre par sa mort, non des biens périssables,
Mais la grâce et le ciel, permet d'y prendre rang,
De l'abîme éternel sauve enfin les coupables,
Lavant nos péchés dans son sang.

III.e CANTIQUE.

Sépulture, Résurrection, Ascension de J.-C. L'Eglise.

1.

Fallait-il que J.-C. mourût ainsi, pour nous racheter ?

L'Homme-Dieu pouvait seul pour l'homme satisfaire.
Cependant, sans mourir, il pouvait nous sauver.
Mais, pour gagner nos cœurs par son amour sincère,
En mourant il veut le prouver.

2.

Qu'arriva-t-il après la mort de Jésus-Chrit ?

On l'inhume, il descend aux limbes qu'il console ;
Sort vivant du tombeau dès le troisième jour ;
Monte au ciel et répand, fidèle à sa parole,
L'Esprit saint, fruit de son amour.

3.

Que fit Jésus-Christ sur terre avant de monter au ciel ?

Avant d'aller au ciel jouir de sa victoire,
Il demeura sur terre encor quarante jours,
Pour donner aux chrétiens des preuves de sa gloire,
Et les former par ses discours.

4.

Que fait-il maintenant dans le ciel ?

Maintenant élevé sur toute intelligence,
Il offre à Dieu pour nous ses mérites puissans.
Quelque jour il viendra, plein de magnificence,
Juger les bons et les méchans.

5.

Que firent les apôtres, après avoir reçu le Saint-Esprit ?

Des apôtres partout la troupe dispersée
Annonça l'Evangile en cent climats divers ;
Et l'Eglise de Dieu, par leur sang arrosée,
Crut et remplit tout l'univers.

6.

Ce succès étonnant fut-il naturel ?

Ce succès offre aux yeux le plus grand des miracles.
Quel prodige de voir douze pauvres pécheurs,
Sans art et sans moyens, malgré tous les obstacles,
Gagner à Jésus tous les cœurs !

7.

Qu'est-ce que l'Eglise dont on vient de parler ?

L'Eglise est le troupeau, non caché, mais visible,
De tous les baptisés, croyans en Jésus-Christ,
Sous le corps des pasteurs, que pour rendre infaillible,
Dieu dirige par son esprit.

8.

A quelles marques peut-on distinguer la vraie Eglise ?

La vraie Eglise brille entre toutes les autres,
Qui se disent en vain les Eglises de Dieu ;
Car elle est une, sainte, et remonte aux apôtres ;
Catholique, elle est en tout lieu.

9.

Quel est le chef ou le pasteur souverain de cette grande Eglise ?

De sa belle unité Rome seule est le centre.
Là règne un chef visible à qui tout obéit.
Dans les eaux du déluge on périt, si l'on n'entre
Dans l'arche sainte qu'il conduit.

10.

Les pécheurs sont-ils membres de cette sainte Eglise ?

L'ivraie est dans ce champ, si quelqu'un ne l'enlève,
Réunie au bon grain, jusques à la moisson.
Veut-on l'en séparer ? on le fait par le glaive
De l'excommunication.

11.

Quels sont les terribles effets de l'excommunication ?

Comme un membre coupé n'a plus part à la vie,
Mais périt loin du corps sans aide et sans secours,
Tel est un grand pécheur que l'on excommunie,
Si son cœur s'endurcit toujours.

12.

De quels biens jouissent les catholiques au sein de l'Eglise ?

Dans le sein de l'Eglise on a grande espérance.
Chacun de ses enfans a part à ses trésors ;
Peut de tous ses péchés obtenir indulgence ;
Doit revivre un jour dans son corps.

IV.e CANTIQUE.

La Mort, le Jugement, Paradis, Enfer, Purgatoire.

1.

Que devons-nous penser de la mort ?

Il faut mourir; mais quand ? l'heure en est incertaine,
La mort, sans avertir, viendra comme un voleur.
Soyons prêts ; car la mort, qui peut être soudaine,
Décide de notre bonheur.

2.

Que faut-il faire pour ne pas craindre la mort ?

Ce qui fait que la mort aux mortels paraît dure,
C'est qu'elle les arrache à ce qui leur est cher.
Quitte tout par avance, et pour toi (chose sûre)
Ce moment n'aura rien d'amer.

3.

Où va notre ame à la sortie du corps ?

Notre ame sur-le-champ, devant Dieu présentée,
Subit après la mort un premier jugement ;
La joie ou la douleur qu'elle aura méritée
Fait son partage en cet instant.

4.

Ne sera-t-elle pas un jour réunie à son corps ?

Nos corps au dernier jour quitteront leur poussière,
Et sortiront vivans du fond de leurs tombeaux.
Ils verront Jésus-Christ, dont la vive lumière
Doit mettre au jour tous les défauts.

6.

Quel sera l'état des corps ressuscités ?

Les bienheureux vivront dans des corps impassibles,
Brillans, spirituels et pleins d'agilité.
Ceux des damnés, sujets à des maux indicibles,
Seront pleins de difformité.

6.

Que fera Jésus-Christ au jour de la résurrection générale?

Jésus-Christ montrera sa justice sévère.
Avec éclat surtout l'arrêt sera rendu.
Ou l'Enfer, ou le Ciel ; tel sera le salaire
Ou du vice, ou de la vertu.

7.

Quel est le bonheur du Ciel ?

On voit Dieu dans le ciel ; en le voyant on l'aime.
Et l'on goûte, en l'aimant, une extrême douceur.
L'ame étanche sa soif, qui toujours est la même,
En s'enivrant du vrai bonheur.

8.

Doit-on beaucoup désirer le bonheur du ciel ?

Voilà le bien suprême où tout homme doit tendre,
Laissant là les plaisirs, les biens et les honneurs,
Que le monde promet, et qui ne peuvent rendre
Une paix solide à nos cœurs.

9.

Quel est le malheur de l'Enfer ?

En Enfer le damné, plein d'une rage horrible,
Est privé pour jamais du bonheur souverain ;
Gémit dans les tourmens d'un feu vif et sensible
Qui brûle sans cesse et sans fin.

10.

Doit-on beaucoup appréhender l'Enfer ?

Voilà le grand malheur que tout homme doit craindre.
Pour le fuir, ici-bas doit-on rien épargner ?
Eût-il conquis le monde, oh qu'un homme est à plaindre
S'il vient, hélas ! à se damner !

11.

Les damnés, en Enfer, sont-ils sans espoir d'en sortir ?

Toujours du Paradis dureront les délices ;
Les saints n'y craindront pas de terme à leur plaisir ;
Et toujours des damnés dureront les supplices,
Sans espoir de les voir finir.

12.

Que doit-on croire sur le Purgatoire ?

Les justes quelque temps souffrent en Purgatoire,
Pour leurs péchés légers, des supplices cuisans.
En pratiquant pour eux quelque œuvre méritoire,
On peut abréger leurs tourmens.

V.e CANTIQUE.

Les Commandemens de Dieu.

1.

Quelle est la loi de Dieu pour les chrétiens ?

La loi de Dieu, gravée autrefois sur la pierre,
Et que reçut des juifs la nation grossière,
Jésus la renouvelle, et veut que, pleins d'ardeur,
Les chrétiens mieux instruits la gravent dans leur cœur.

2.

Est-ce que, pour les chrétiens, la foi n'est pas suffisante?

A cette loi divine on doit obéissance.
Qui l'observe du ciel aura la jouissance.
Ce n'est point tout de croire ; inutile est la foi,
Sans l'accomplissement des œuvres de la loi.

3.

Le ciel est-il la seule récompense pour ceux qui gardent la loi ?

Ses vrais observateurs auront dès cette vie
Un bonheur admirable et bien digne d'envie.
Au centuple ils auront les biens qu'ils ont perdus,
Quand pour les consoler les temps seront venus.

4.

A quoi peuvent se réduire les dix commandemens de Dieu ?

Tous les devoirs prescrits par cette loi suprême
Ont en tout trois objets, Dieu, le prochain, soi-même.
Ces devoirs en dix points proposés tour à tour
Peuvent, pour abréger, se réduire à l'amour.

5.

Qu'ordonne et que défend le premier commandement ?

Aime Dieu plus que tout, et fuis l'indifférence,
L'oubli de ses bienfaits, la longue impénitence.
Adore Dieu seul, fuis la profanation,
Le blasphême, le sort, la superstition.

6.

Qu'ordonne-t-il encore, et que défend-il de plus ?

Crois en Dieu fermement, vis selon ta croyance.
Fuis l'infidélité, le doute, l'ignorance.
Mets en Dieu ton espoir ; fuis la tentation,
Le désespoir funeste et la présomption.

7.

Qu'ordonne et que défend le 2.e commandement, puis le 3.e ?

Jure avec vérité, jugement et justice.
Fuis le parjure, et fais que ton vœu s'accomplisse.
Garde le saint dimanche et suspens tes travaux,
Pour t'occuper de Dieu dans ce jour de repos.

8.

Qu'ordonne le 4.e commandement ?

Pour tes supérieurs marque ta déférence,
Par l'amour, le respect, l'aide, l'obéissance.
A tes inférieurs tu dois l'instruction,
L'aide, le bon exemple et la correction.

9.

Qu'ordonne et que défend le 5.e commandement ?

Au prochain nous devons l'amour comme à nous-mêmes.
Tout homme est ton prochain ; fais-lui bien, si tu l'aimes.
Evite le courroux, les mots injurieux,
La haine, la vengeance et l'homicide affreux.

10.

Qu'ordonne et que défend le 7.e commandement ?

Au pauvre fais l'aumône ; évite l'avarice,
La fraude, le larcin, l'usure, l'injustice.
Porte au bien le pécheur ; fuis tout fait scandaleux,
Qui détruit l'innocence en un cœur vertueux.

11.

Qu'ordonne et défend le 8.e commandement, ainsi que le 10.e ?

Respecte ton semblable, et fuis la menterie,
Les rapports indiscrets, la noire calomnie,
La médisance injuste et même le soupçon,
Qui juge mal d'autrui sans valable raison.

12.

Qu'ordonne et que défend le 6.e commandement, ainsi que le 9.e ?

Fais la guerre à ton corps, évite la mollesse,
L'excès dans les plaisirs, l'inutile paresse,
Et le vice contraire à la sobriété,
Surtout l'ivrognerie et l'impudicité.

VI.e CANTIQUE.

Péché mortel, le véniel, Tentation, bonnes OEuvres, Justice.

1.

Qu'est-ce que le péché ?

Le péché, par malice, ignorance ou faiblesse,
Se commet quand on va contre un commandement.
Deux sortes de péchés : le véniel, qui blesse ;
Le mortel, qui tue à l'instant.

2.

Comment peut-on distinguer le péché mortel, du véniel ?

Pour le mortel, il faut liberté suffisante ;
Sans quoi nous le jugeons véniel seulement.
Il faut qu'il soit encore en matière importante,
Ou qu'on croit telle faussement.

3.

Quelles peines mérite le péché que Dieu défend ?

De péchés, pour voir Dieu, l'ame doit être pure.
On tombe en Purgatoire avec le véniel.
Pour tomber en Enfer, ce séjour de torture,
Il ne faut qu'un péché mortel.

4.

Que suit-il de cette vérité ?

Appréhende, ô pécheur ! la justice d'un maître
Aux yeux de qui le crime est le plus grand des maux ;
Qui punit le péché, si facile à commettre,
Par de si terribles fléaux.

5.

Pourquoi le péché mérite-t-il de si grandes peines ?

Tu résistes à Dieu, vil mortel, ver de terre,
Abusant contre lui de ses propres bienfaits.
Est-il donc surprenant de le voir si sévère
A punir de pareils forfaits ?

6.

En combien de manières pèche-t-on contre un commandement ?

En cinq façons la loi peut être transgressée.
On peut non seulement pécher par action,
Mais encor par discours, par désir, par pensée,
Et même par omission.

7.

Quelles sont les causes funestes qui portent au péché ?

Trois ennemis, le monde, ou la chair, ou le diable,
Nous donnent vers le mal forte inclination.
Cette pente funeste, et pourtant surmontable,
On l'appelle tentation.

8.

Combien de sortes de tentations ou péchés capitaux ?

Sept péchés capitaux d'où procède tout vice :
Gourmandise, colère, envie, oisiveté ;
Surtout ces trois derniers, l'orgueil et l'avarice,
Et l'infâme impudicité.

9.

Est-ce assez d'éviter le péché, pour être sauvé ?

Pour obtenir de Dieu dans sa gloire une place,
C'est peu de fuir le mal, il faut faire le bien ;
Et même au bon motif joindre l'état de grâce,
Sans quoi l'on ne mérite rien.

10.

Qu'est-ce que le bon motif ?

Le bon motif veut plaire à Dieu par préférence ;
A pour objet le ciel, non de vils intérêts ;
Agit avec ferveur, non avec négligence ;
Non par dégoût, mais sans regrêts.

11.

Qu'entendez-vous par l'état de grâce ?

L'état, nommé justice ou grâce habituelle,
Décore, embellit l'ame et fait sa pureté.
On peut perdre ou ternir un grâce si belle ;
On l'acquiert par la charité.

12.

Ne sert-il de rien au pécheur de faire de bonnes actions ?

Le pécheur pénitent criant miséricorde,
Par le jeûne et l'aumône espère son pardon.
C'est par pure bonté qu'en ce cas Dieu l'accorde,
Et pour lui sa grâce est un don.

VII.e CANTIQUE.

La Grâce, la Prière, sa force, sa nécessité. Culte des Saints.

1.

Peut-on toujours faire le bien et éviter le péché ?

Dieu ne peut commander rien qui ne soit possible.
De l'homme vers le mal quel que soit le penchant,
On peut tout, assisté de sa grâce invisible,
Qu'il offre même au plus méchant.

2.

Qu'est-ce que la grâce ?

La grâce est un secours dont notre ame est aidée,
Pour commencer le bien, le faire et l'accomplir.
C'est un attrait puissant ou quelque bonne idée.
De Dieu seul elle peut venir.

3.

Qu'entend-on par grâce suffisante et grâce efficace ?

On fait toujours le bien par la grâce efficace.
La grâce suffisante est souvent sans effet.
Dans l'un est l'autre cas, l'ame est libre, et la grâce
Est toujours pour elle un bienfait.

4.

La grâce est-elle nécessaire au salut? Comment l'obtenir?

L'homme ici-bas, plongé dans l'extrême indigence,
Pour le bien, par lui-même, est faible et sans pouvoir.
Cherche d'un Dieu puissant avec foi l'assistance.
Il faut l'implorer pour l'avoir.

5.

Dieu exauce-t-il toujours nos prières ?

Si Dieu n'exauce pas, c'est que l'ame grossière
Le prie avec dégoût, sans désir, sans ferveur.
La prière, en ce cas, est moins une prière,
Qu'un acte hypocrite ou moqueur.

6.

Quand faut-il prier ?

D'ennemis, de périls notre ame environnée,
Pour ne pas succomber devrait prier sans fin.
Prions Dieu quelquefois au moins dans la journée,
Surtout le soir et le matin.

7.

Que devons-nous demander à Dieu dans nos prières ?

Demande à Dieu le ciel, la justice et la grâce :
Le reste est vanité, source d'affliction.
Déteste aussi trois maux : l'éternelle disgrâce,
Le péché, la tentation.

8.

Ne peut-on pas demander aussi quelques biens temporels?

Si tu veux demander à Dieu quelque autre chose,
Le pain quotidien, la paix ou la santé,
Que le ciel soit le but que ton cœur se propose,
Et ne veux que sa volonté.

9.

Quelle est la meilleure manière de prier ?

Toute prière est bonne, ou mentale ou vocale.
Elle a plus de vertu quand plusieurs sont unis.
La plus belle prière est la dominicale,
Où tout vœu louable est compris.

10.

Que pensez-vous du signe de croix que font les chrétiens ?

Les chrétiens ont encore une courte prière,
Puissante en ses effets ; c'est le signe de croix.
Par ce signe exprimé, le vrai chrétien diffère
De ceux qui suivent d'autres loix.

11.

Peut-on honorer et prier la S.te Vierge ou d'autres saints ?

Pour désarmer de Dieu la justice sévère,
Mets dans tes intérêts la Vierge ou quelque saint.
A ces amis de Dieu rends un culte sincère ;
S'ils intercèdent, tout s'obtient.

12.

Peut-on honorer aussi les images des saints ?

Pour réveiller la Foi, l'Eglise est dans l'usage
D'honorer leurs portraits qu'elle expose à nos yeux.
Garde-toi cependant de borner à l'image
Tes respects ainsi que tes vœux.

VIII.e CANTIQUE.

Sacremens, Baptême, Confirmation, Pénitence.

1.

Comment nous sont appliqués les mérites de J.-C. ?

Pour appliquer les fruits de sa mort précieuse,
Jésus, pendant sa vie, a fait sept sacremens.
Ils produisent la grâce en une ame pieuse
Qui n'y met point d'empêchemens.

2.

2.

Qu'entend-on par Sacrement ?

Par sacrement entends un signe salutaire
Dont la grâce invisible est l'objet et le fruit.
Avec l'intention, la forme et la matiere,
Le vrai ministre le produit.

3.

Combien de Sacremens ne se donnent qu'une seule fois ?

Trois des sept Sacremens donnent le caractère,
Savoir ; le Baptême, Ordre et Confirmation.
C'est pourquoi de ces trois nul ne se réitère,
Rien n'en détruit l'impression.

4.

Quels sont les effets du Baptême ?

Le Baptême, effaçant la tache originelle,
Nous fait enfans de Dieu, héritiers de ses biens,
Même ôte des péchés la peine temporelle.
Par lui nous sommes faits chrétiens.

5.

A quoi s'engage-t-on par le Baptême ?

En face de l'Eglise au Baptême on s'engage
A suivre l'Evangile et tout ce qu'il prescrit.
On renonce à Satan, et l'on prend pour partage
Les souffrances de Jésus-Christ.

6.

Le Baptême est-il nécessaire au salut ?

Le Baptême est pour tous au salut nécessaire.
Le martyre y supplée et le désir ardent.
A l'enfant qu'on baptise on donne un second père
Qui de sa foi soit le garant.

7.

Quels sont les effets de la Confirmation ?

La Confirmation verse avec abondance
Les dons du Saint-Esprit pour nos cœurs affermir,
Afin que nous puissions, avec zèle et constance,
Pour notre foi vaincre ou mourir.

8.

Quels sont les effets du sacrement de Pénitence ?

Quand, après le Baptême, on perd son innocence,
On peut la recouvrer par la confession,
Faite au prêtre approuvé, qui doit, avec prudence,
Conférer l'absolution.

9.

Que faut-il faire pour que la confession ait un bon effet?

De tout péché mortel il faut dire l'espèce,
L'énormité, le nombre ; et pour s'en souvenir,
Il faut sonder à fond son ame pécheresse,
Et s'examiner à loisir.

10.

Suffit-il de dire ainsi ses péchés; ne faut-il pas les détester?

Surtout d'un grand regret l'ame doit être atteinte.
Il faut être de cœur amèrement fâché,
Par amour pour Dieu seul, ou du moins par sa crainte,
Au moins de tout mortel péché.

11.

Ne faut-il pas aussi en faire pénitence, où s'en punir?

Envers l'homme à la fois Dieu, sévère et propice,
Exige un châtiment du péché pardonné.
Avec rigueur un jour il faut qu'on le subisse,
Quand sur terre on s'est épargné.

12.

Quelle pénitence en faut-il faire ?

Employant la prière, ou le jeûne, ou l'aumône,
Pour vaincre son penchant l'homme doit faire effort;
Surtout restituer (la justice l'ordonne)
Quand au prochain l'on a fait tort.

IX.e CANTIQUE.

Eucharistie, Extrême-Onction, Ordre, Mariage, Cérémonies.

1.

Que contient l'auguste sacrement de l'Eucharistie ?

Le corps, le sang d'un Dieu sont dans l'Eucharistie
Présens sous l'apparence et du pain et du vin.
S'incorporant en nous, ce Dieu, qui s'humilie,
Fait de l'homme un être divin.

2.

Que doit-on croire sur ce mystère de foi ?

Voici, sur ce sujet, ce que croit tout fidèle.
Du pain au corps d'un Dieu par miracle est changé.
Ce corps, toujours entier sous la moindre parcelle,
S'offre à nous pour être mangé.

3.

Que doit-on croire encore ?

Jésus, présent au ciel, l'est sur la table sainte.
Il vit sans se mouvoir, il voit sans être vu.
Là, de l'ame contrite il exauce la plainte,
Et renouvelle sa vertu.

4.

Quand est-ce que s'opère ce grand mystère ?

Ce mystère d'amour se fait pendant la messe,
Que l'Eglise offre à Dieu pour louer sa grandeur,
Reconnaître ses dons, implorer sa largesse,
Ou pour apaiser sa fureur.

5.

Qu'est-ce que la Messe ?

La Messe est de Jésus l'auguste sacrifice.
De son sang au Calvaire on vit l'effusion ;
La Messe est de ce sang, versé par l'injustice,
La mémoire et l'oblation.

2.

6.

Quels sont les effets de l'Eucharistie, reçue comme sacrement ?

Le corps eucharistique est un vrai pain de vie
Qui rend l'ame immortelle, en vertus fait grandir,
Qui dans l'épuisement l'aide et la fortifie,
Qui la remplit d'un doux plaisir.

7.

Dans quelles dispositions doit-il être mangé pour être utile ?

Pour ne pas nuire, il faut que l'ame soit vivante.
Pour qu'il puisse nourrir, il exige un cœur sain.
On le mange sans goût, à moins qu'on ne ressente
Pour la justice quelque faim.

8.

Que faut-il faire pour avoir ces bonnes dispositions ?

Si de péché mortel tu te trouves coupable,
Par la confession prends soin de t'en guérir.
Te trouves-tu sans goût, sans désir véritable ?
Sur tes besoins vas réfléchir.

9.

Est-ce un grand mal de communier indignement ?

Dans le péché mortel quiconque communie
Mange et boit, dit saint Paul, son propre jugement ;
Car, comme un vrai Judas, à l'auteur de la vie
Il fait l'affront le plus sanglant.

10.

Ceux qui ne sont pas parfaits doivent-ils craindre ce sacrilége ?

Craignez peu ce malheur, vous, ame timorée,
Que l'imperfection tourmente par excès.
Approchez, car pour vous cette table sacrée
Est dressée ici tout exprès.

11.

Est-il utile de communier souvent ?

Sous l'espèce du pain si ton Sauveur se donne,
C'est pour montrer qu'il veut être mangé souvent.
Chez les premiers chrétiens on ne voyait personne
Etre un jour sans cet aliment.

12.

Que penser de ceux d'aujourd'hui qui ne communient qu'à Pâques ?

Ils font bien voir par là leur lâche indifférence
Pour un Dieu plein d'amour qui veut les rendre heureux.
Ce délai prouve assez que sa sainte présence
N'est pour eux qu'un joug onéreux.

X.e CANTIQUE.

Extrême-Onction, Ordre, Mariage, Cérémonies.

1.

Quels sont les effets de l'Ext.-Onction et de l'Ordre ?

Pour l'ame et pour le corps, quand la mort le menace,
On trouve un vrai remède en l'extrême-onction ;
Aux ministres sacrés l'ordre donne la grâce
Pour bien remplir leur fonction.

2.

Que doit-on faire au temps de l'Ordination des prêtres ?

Chrétien, de ton salut si le soin t'intéresse,
Au désir de l'Eglise unis tes vœux ardens,
Pour que de bons pasteurs soient sacrés à la messe
Que dit l'évêque aux quatre-temps.

3.

Quels sont les effets du sacrement de Mariage ?

L'homme et la femme, unis par le saint mariage,
Sont bénis, s'ils n'ont pas quelques empêchemens,
Pour pouvoir vivre ensemble en paix jusqu'au veuvage
Et bien élever leurs enfans.

4.

Quels sont les empêchemens de mariage ?

La clandestinité, le rapt, la violence,
Ordre, vœu, mariage, erreur, affinité,
Parenté, fiançaille, esclavage, impuissance,
Age, crime, infidélité.

5.

Quelles dispositions exige le sacrement de Mariage ?

Ce sacrement est grand, dit saint Paul; il figure
Jésus-Christ à l'Église uni par charité.
Des époux il exige, avec une ame pure,
Autre but que la volupté.

6.

Quels sont les devoirs des époux, ayant des enfans ?

Aime en Dieu tes enfans ; dès l'âge le plus tendre
Dans l'étroite vertu prends soin de les fixer.
Quand les arbres sont vieux, il ne faut plus prétendre
De jamais bien les redresser.

7.

Comment peuvent-ils s'en faire écouter ?

De quelque châtiment fais suivre ta menace,
Quand tu les vois rétifs à tes justes avis ;
Mais surtout, en faisant ce que tu veux qu'on fasse,
Rends-les dignes d'être suivis.

8.

Les pères doivent-ils songer à laisser de grandes richesses à leurs enfans ?

Dieu te les a donnés et mis sous ta tutelle,
Non pas pour leur laisser après toi de grands biens.
Prends-en soin ; mais surtout que le but de ton zèle
Soit d'en former de bons chrétiens.

9.

De quelle importance est pour les parens de bien élever leurs enfans ?

Si ton fils devient sage, ah ! ne plains pas la peine ;
Dans ton âge caduc il sera ton soutien ;
Mais il sera ta croix et ta honte certaine
S'il ne se porte au pas au bien.

10.

Quels sont les devoirs du mari envers son épouse ?

Fais, par de tendres soins, que ton épouse t'aime.
Use modérément de ton autorité.
Sois fidèle ; apprends-lui, par ton exemple même,
A respecter la chasteté.

11.

Quels sont les devoirs de la femme envers son mari ?

Femmes, à vos maris efforcez-vous de plaire,
Non par de vains atours, mais par l'humble douceur.
Songez qu'ils sont pour vous des maîtres sur la terre.
Bannissez tout air de hauteur.

12.

Le célibat n'est-il pas préférable au mariage ?

Approuvé par Dieu même est le saint mariage ;
Mais plus noble et plus sainte est la virginité.
L'eunuque volontaire espère l'avantage
D'être au ciel en gloire exalté.

13.

Que doit-on penser des Cérémonies de l'Eglise ?

Outre les sacremens sont les cérémonies,
Qui, sans donner la grâce, ont leur utilité.
Sagement par l'Eglise elles sont établies
Pour exciter la piété.

ACTES AVANT LA COMMUNION.

Actes de Foi.

Jésus, suprême vérité,
Votre parole est pour moi chose sûre.
Je cède à votre autorité,
Quoique pour moi tout soit obscurité.
Vous le révélez ; il suffit.
Je ne crains rien de l'humaine imposture ;
Je soumets mes sens, mon esprit
A ce qu'un Dieu tel que vous me prescrit.

Acte d'Adoration.

Je vous adore, o mon Sauveur !
Quoique voilé dans ce sacré mystère.
J'y reconnais votre grandeur,
Qui du ciel même excède la hauteur.
Je me prosterne à votre aspect,
Et je vous rends un hommage sincère.
Que tout s'abaisse avec respect
Devant mon Dieu, devant l'Etre parfait.

Acte d'Espérance.

Je réclame votre secours ;
Que votre amour, o Jésus ! me l'accorde.
En vous j'espérerai toujours ;
Vous êtes bon, fidèle en vos discours.
J'espère que votre bonté
A mes pechés fera miséricorde ;
Qu'il me sera même accordé
De voir au ciel votre heureuse clarté.

Acte d'Amour.

O Dieu d'amour, Dieu de douceur,
Mort sur la croix pour nous donner la vie !
De votre feu brûlez mon cœur,
Et soyez seul sa paix et son bonheur.
Comment pourrais-je n'aimer pas
Un Dieu puissant qui pour moi s'humilie ?
Epris de ses divins appas,
Je veux m'unir à lui jusqu'au trépas,

Acte de Contrition.

Grand Dieu, j'ai péché contre vous.
Je n'ose plus vous appeler mon père ;
Mais j'en gémis à vos genoux ;
Calmez pour moi votre juste courroux.
Pour ses forfaits mon triste cœur
Se sent percé d'une douleur amère ;
Et désormais, rempli d'ardeur,
Veut se soumettre à la loi du Seigneur.

Acte d'Humilité.

Quoi ! vous venez, mon divin roi,
Pour me servir ici de nourriture !
Qui suis-je donc ? Hélas ! pourquoi
Vous abaisser à ce point jusqu'à moi ?
A l'aspect de cette faveur,
Dont vous comblez votre humble créature,
Je sens le trouble dans mon cœur ;
Il est confus d'un si sublime honneur.

ACTES APRÈS LA COMMUNION.

Acte d'Admiration.

Le Dieu vivant est dans mon cœur !
O quel bonheur ! il est incomparable.
Comment, dans un pauvre pécheur,
A pu venir ainsi mon Créateur ?
Anges saints, admirez mon sort,
Je ne suis plus pauvre ni misérable ;
Car je possède le Dieu fort,
Qui me fera triompher de la mort.

Acte d'Amour.

O Jésus ! restez avec moi.
Je veux toujours vous demeurer fidèle.
Loin de vous, ô mon puissant Roi !
Mon cœur serait dans le trouble et l'effroi.
Il n'est sur terre aucun pouvoir
Qui puisse rompre une union si belle.
Dans mon cœur je veux vous avoir,
En attendant le bonheur de vous voir.

Acte de bons Propos.

Fuyez, plaisirs ; fuyez, grandeurs,
Que les mondains recherchent sur la terre.
Jésus seul est la paix des cœurs,
Et c'est lui seul qui peut sécher mes pleurs.
Je veux le suivre sur la croix ;
C'est le chemin du bonheur que j'espère ;
C'est l'étendart du Roi des Rois ;
Je veux combattre et vaincre sous ses lois.

Acte de Demande.

O mon Jésus ! dans cet instant,
Voyez mon cœur ; guérissez sa faiblesse.
Otez ce funeste penchant
Qui, pour le bien, le rend si languissant.
Remplissez-le de votre amour ;
En vous aimant, il aura la sagesse.
C'est là le vrai moyen qu'un jour
Je sois admis au céleste séjour.

Acte de désir du Ciel.

Oh ! quand viendra ce jour heureux,
Où je pourrai contempler votre face !
C'est là tout l'objet de mes vœux ;
Car, loin de vous, tout autre est ennuyeux.
Mettez un terme à mes soupirs.
Accordez-moi dans le ciel une place.
Faites-moi jouir des plaisirs
Qui de vos saints combleront les désirs.

Acte d'amour du Prochain.

Pour mes amis, mes bienfaiteurs ;
Pour mes parens, souffrez que je vous prie,
Et pour tous mes supérieurs,
Sans oublier tous mes inférieurs.
J'aime aussi tous mes ennemis ;
Pardonnez-leur leur aveugle folie.
Faites qu'ensemble réunis,
Nous puissions tous nous voir en Paradis.

LE PANGE LINGUA.

Sur l'air : *Dirai-je mon Confiteor?*

Célébrons tous à haute voix
L'inconcevable mystère
Du corps, du sang du roi des rois,
Qui, répandu sur la terre,
A sauvé les pauvres pécheurs
Du plus affreux des malheurs.

D'une vierge pure il est né
Pour nous tous, tant que nous sommes.
Dans ce monde, il a conversé,
Et vivant parmi les hommes,
Trois ans pleins, il les a prêchés,
Puis est mort pour nos péchés.

Avant de souffrir le trépas,
Il fit la dernière Cène,
Et pendant ce sacré repas,
Prescrit par la loi ancienne.
Il s'offrit de ses propres mains
Pour nourriture aux humains.

Il change un véritable pain
En sa chair, par sa parole ;
En son sang, il change du vin.
Si ceci paraît frivole,
Pour y soumettre notre esprit,
La seule foi nous suffit.

Adorons donc avec respect
Un fait qu'un Dieu nous révèle ;
L'antique loi, sur cet objet,
Doit céder à la nouvelle.
Que la foi supplée en tout temps
A ce qui manque à nos sens.

A Dieu le Père, à Dieu le Fils,
Soit honneur, louange et gloire.
Des grâces qu'il nous fit jadis,
Ne perdons pas la mémoire.
Pareil honneur au Saint-Esprit,
Qui de tous deux est le fruit.

LE VERBUM SUPERNUM PRODIENS.

AIR : Du coteau que j'ai vu.

Sans quitter le séjour du ciel,
Ni le sein de son père,
Plein d'amour, le Verbe éternel
Descendit sur la terre.
Il vécut dans la pauvreté,
Prêchant la pénitence,
Et par son peuple maltraité,
Mourut dans la souffrance.

Il savait de ses ennemis
Les cabales perfides,
Que par Judas il serait mis
En leurs mains homicides.
Avant de souffrir le trépas,
Par un amour extrême,
Il voulut, dans un saint repas,
Etre mangé lui-même.

En son corps il change le pain,
Qu'il donne à ses apôtres;
En son sang il change le vin,
Disant : « C'est pour vous autres,
Que mon sang doit couler demain,
Et sortir de mes veines.
Faites ainsi jusqu'à la fin
Mémoire de mes peines ».

Il fut notre concitoyen
Par sa sainte naissance.
Pendant sa vie il voulut bien
Etre notre substance.

Quand il mourut, il s'est donné
Pour payeur et pour gage,
Dans le ciel du prédestiné,
Il sera le partage.

En mourant pour vos ennemis,
Victime salutaire,
Vous leur ouvrez le Paradis;
Mais quoi? sur cette terre,
Il se trouve mille combats
Fâcheux pour l'innocence.
Hélas! ne nous refusez pas
Votre sainte assistance.

Honneur soit à la Trinité,
Qu'un nuage environne!
Gloire au Père de majesté,
La première personne!
Gloire au Fils, qui, toujours produit,
En nul bien ne lui cède!
Et gloire soit au Saint-Esprit,
Qui de tous deux procède!

L'URBS JÉRUSALEM.

Sur l'air du cantique de Sainte Geneviève : *Désir du ciel.*

Sainte cité, Jérusalem nouvelle,
Séjour charmant du calme et du bonheur,
Que Dieu remplit de sa gloire immortelle,
Où mille esprits rayonnent de splendeur;
Aimable ville,
En biens fertile,
Puissé-je un jour contempler ta grandeur!

Comme une épouse, au plus beau jour de fête,
Aimant à plaire à son époux chéri,
D'atours brillans tu couronnes ta tête.
Et tous les cœurs te suivent à l'envi.
Comme une reine,
De grâces pleine,
Contre tous maux tu nous mets à l'abri.

Mais tu n'as pas encore tous tes charmes ;
C'est à présent le temps qu'on te bâtit.
Ton mur s'élève à l'abri des alarmes :
Par l'Etre Saint tout l'ouvrage est conduit.
Déjà si belle ,
Que sera-t-elle ,
Cette cité , quand tout sera construit ?

C'est ici-bas que se taille la pierre
Qui doit servir à sa construction :
Mille ouvriers , au sein de la carrière ,
Sont occupés à sa perfection.
Pierres vivantes,
Intelligentes ,
C'est vous qu'on mène à la sainte Sion.

Pour acquérir la forme nécessaire ,
Vous gémirez un temps sous le marteau.
Le moindre vice , hélas ! serait contraire :
Il faut qu'il parte au tranchant du ciseau.
La pénitence
Et la constance
Vous donneront le poli le plus beau.

Lors vous irez occuper votre place ,
Selon son prix, chacune aura son rang.
Vous vous joindrez par un ciment tenace :
La charité sera ce dur ciment.
Toutes ensemble
Formant un temple ,
Vous bénirez l'ouvrier tout-puissant.

Quelle sera pour lors votre allégresse
D'avoir , sur terre , enduré quelque peu ?
Vous n'aurez plus à craindre la tristesse ;
Tout mal possible est banni de ce lieu.
Par la musique
D'un beau cantique ,
Vous chanterez louange à notre Dieu.

Gloire au Très-Haut qui dispose des trônes,
En qui tout est, par qui tout est produit,
Qui règne au ciel, unique en trois personnes,
Comme un soleil dont l'éclat éblouit.
Sacré mystère,
Je te révère.
Honneur au Père, au Fils, au Saint-Esprit!

DOMINUS REGIT ME, Ps. 22.

AIR : Tout me dit qu'il est inconstant.

Je vis sans craindre aucun dommage;
Le Dieu du ciel est mon berger.
Il m'a placé, loin du danger,
Dans un délicieux herbage.

Non, non, non, je ne craindrai rien,
Conduit par un berger si sage:
Non, non, non, je ne craindrai rien;
Sa houlette fait mon soutien.

Il m'a placé près d'un rivage,
Où coule un pur et clair ruisseau;
Là, je trouve une excellente eau,
Qui, dans la soif, est mon breuvage. Non, non, etc.

Sentant, sous lui, mon avantage,
Je brave l'ennemi jaloux;
Souvent j'ai passé près des loups
Sans recevoir le moindre outrage. Non, non, etc.

Au milieu même du carnage,
Je n'aurais à craindre aucun mal.
Pour me sauver du loup brutal,
Il n'a qu'à montrer son visage. Non, non, etc.

Dans la fatigue il me soulage,
En me nourrissant de son pain;
Même il m'enivre de son vin,
Pour mieux ranimer mon courage. Non, non, etc.

S'il survient un sombre nuage,
Qui gronde et crève avec fracas;
Vite il me cache sous son bras,
Pour me garantir de l'orage. Non, non, etc.

Si quelquefois, un peu volage,
Je vais errer sur les coteaux,
Il me suit, me prend sur son dos,
Et me rapporte au pâturage. Non, non, etc.

A suivre vos pas, je m'engage,
Dieu du ciel, aimable pasteur:
Soyez toujours mon conducteur,
Surtout dans le triste passage. Non, non, etc.

Ici, vous serez mon partage,
Et le doux espoir de mon cœur,
En attendant le vrai bonheur
Qu'on goûte dans votre héritage. Non, non, etc.

Là, pour bercail est un bocage
Planté de féconds oliviers;
On ne rencontre en ses sentiers,
Ni serpent, ni bête sauvage. Non, non, etc.

Là, se reposant du Voyage,
Vos brebis, à côté de vous,
Goûtent le repos le plus doux,
Sous un vert et sombre feuillage. Non, non, etc.

Assis près de nous à l'ombrage,
Vous chanterez un air nouveau.
Au son de votre chalumeau,
Nous bondirons tous sur l'herbage.

Non, non, non, je ne craindrai rien,
Conduit par un berger si sage:
Non, non, non, je ne craindrai rien;
Sa houlette fait mon soutien.

FIN.

BIBLIOTHEQUE NATIONALE DE FRANCE
3 7531 03333252 0

www.ingramcontent.com/pod-product-compliance
Ingram Content Group UK Ltd.
Pitfield, Milton Keynes, MK11 3LW, UK
UKHW020956220726
13924UKWH00002B/732